Amerikaner aus Deutschland

Amerikaner aus Deutschland

Harry Walbruck
in cooperation with Rita Walbruck

National Textbook Company
a division of *NTC Publishing Group* • Lincolnwood, Illinois USA

Inhaltsverzeichnis

1. Es begann in Germantown   2

2. Friedrich von Steuben   4

3. Molly Pitcher und die Hessen   6

4. Ankunft im Mittelwesten   8

5. Neues Ziel: Texas   10

6. Die Achtundvierziger   12

7. Nicht alle kamen an   14

8. Erzieher aus Deutschland   16

9. Pionier und Abenteurer   18

10. Erfüllte Träume   20

11. Ein zweiter Edison   22

12. Von Mainz nach St. Louis   24

13. Mit Spaten und Hammer   26

14. Deutsche Zeitungen in USA   28

15. Old-Time "Gemütlichkeit"   30

16. Primadonna in New York   32

17. Der Exodus wächst an   34

18. Unvergessene Legende   36

19. Bescheidenes Wunderkind   38

20. Das Neue Bauhaus   40

21. "Mythos Marlene"   42

22. Ein neuer Anfang   44

23. Hofbrauhaus und "Germanfest"   46

24. Jährlicher Wettkampf   48

25. Klein-Bayern in Michigan   50

Wortliste   53

1996 Printing

Preface

German interest in the "New World" can be traced back to the earliest times of European discovery and large-scale exploration of the Western Hemisphere. In 1507, a German mapmaker, Martin Waldseemüller, mistakenly credited Amerigo Vespucci with discovering this vast territory and christened it "America" in his honor. A century later, in 1626, German-born Peter Minuit purchased the island of Manhattan from Algonquin Indians for a handful of trinkets valued at $24.

Despite this early interest, the first organized group of immigrants from Germany did not arrive until 1683. In that year, thirteen Mennonite families from Krefeld (in the Rhein Valley) left their homeland to escape religious persecution. Once in America, they established a settlement called Germantown, now part of the city of Philadelphia.

The number of immigrants grew dramatically during the next three centuries. German settlers adapted with comparative ease to the language and customs of their new land and distinguished themselves in many fields of endeavor. The first immigrants won the respect of their fellow Americans by the energy and skill with which they developed rural areas. Later, German engineers and craftsmen made considerable contributions to the development of America's emerging urban-industrial society. German educators and performing artists also exercised a significant influence on cultural life in the United States.

This book presents portraits of some of the most successful and well-known native-born Germans who have made their mark on the American scene. From Friedrich von Steuben to Marlene Dietrich, from Carl Schurz to Henry Kissinger, the 25 chapters in this text chronicle, in word and picture, German-American contributions to such diverse fields as agriculture, the arts, business, and politics. It is the author's hope that, along with developing the language skills of intermediate students of German, *Amerikaner aus Deutschland* will communicate to them a genuine appreciation for the German heritage that has so frequently deepened and enriched the American way of life.

1. Es begann in Germantown

Die erste Gruppe deutscher Auswanderer landete am 16. Oktober 1683 auf amerikanischem Boden. Sie bestand aus dreizehn armen Weberfamilien° aus Krefeld, deren Überfahrt° auf dem Segelschiff "Concord" 75 Tage gedauert hatte. Es waren Mennoniten auf der Suche nach Freiheit von religiöser Verfolgung.° Sie gründeten Germantown, das heute zu Philadelphia gehört.

Franz Daniel Pastorius (1651–1720), ein Jurist° aus Franken, hatte die Überfahrt organisiert. Er wurde der erste Bürgermeister von Germantown und veröffentlichte° 1688 ein Manifest gegen die Sklaverei.° Er gründete die erste deutsche Schule in Amerika im Jahre 1706.

Weberfamilien
families of weavers
Überfahrt
crossing
Verfolgung
persecution
Jurist
lawyer
veröffentlichte
published
Sklaverei
slavery

Deutsche Auswanderer vor der Abfahrt zur Neuen Welt auf einem Segelschiff im 19. Jahrhundert.

Über 75 000 deutsche Bauern und Handwerker° folgten der ersten Gruppe während der Kolonialzeit° nach.
Auch diese Gruppe hatte religiöse Intoleranz oder wirt-
schaftliche° Not in die Neue Welt geführt. Viele von ihnen
blieben in Pennsylvania, das mehr und mehr ein blühen-
des° Wirtschaftszentrum wurde.

Handwerker
craftsmen

Kolonialzeit
colonial period

wirtschaftliche
economic

blühendes
flourishing

Fragen

1. Wann kam die erste Gruppe deutscher Einwanderer
   nach Amerika?
2. Wie lange hatte ihre Überfahrt gedauert?
3. Was suchten diese Menschen?
4. Wer hatte ihre Überfahrt organisiert?
5. Was veröffentlichte Pastorius 1688?
6. Wann gründete er die erste deutsche Schule in Amerika?
7. Wer folgte dieser Gruppe während der Kolonialzeit
   nach?
8. Wo blieben viele dieser Einwanderer?

Aufgabe

Sprechen Sie über die ersten deutschen Einwanderer in
Amerika.

2. Friedrich von Steuben

Baron Friedrich von Steuben (1730–1794), ein früherer° Offizier unter Friedrich dem Großen, wurde von George Washington zum Generalinspektor der amerikanischen Armee ernannt.° Er war 1777 nach Amerika gekommen, um am Kampf um die Freiheit der Kolonien teilzunehmen.° Er organisierte die Truppen nach preußischem Vorbild° und errang° mit ihnen den Sieg° bei Yorktown.

Auch andere deutsche Offiziere, wie sein Freund *Peter Mühlenberg,* wurden Helden der Revolution. Von den 30 000 Soldaten, die von ihren deutschen Landesfürsten° an die Engländer verkauft worden waren, gelang es vielen auf die Seite der Revolution zu treten. Mehr als die Hälfte der Überlebenden,° etwa 6 000, wurden nach dem Krieg amerikanische Bürger.

Von Steuben wurde 1794 Ehrenbürger° von New York. Zu seinem Andenken° findet jedes Jahr auf der Fifth Avenue eine große Parade statt, die vom Oberbürgermeister von New York City angeführt° wird.

früherer
former

ernannt
named

teilzunehmen
participate

Vorbild
model

errang
achieved, won

Sieg
victory

Landesfürsten
princes

Überlebenden
survivors

Ehrenbürger
honorary citizen

Zu seinem Andenken
in his memory

angeführt
led

Fragen

1. Was war Baron von Steuben früher gewesen?
2. Wozu ernannte ihn George Washington?
3. Weshalb war von Steuben nach Amerika gekommen?
4. Welchen Sieg errang von Steuben mit seinen Truppen?
5. Wer hatte 30 000 deutsche Soldaten an die Engländer verkauft?
6. Was gelang vielen von ihnen?
7. Was wurden mehr als die Hälfte der Überlebenden?
8. Was wurde von Steuben im Jahre 1794?
9. Was findet zu seinem Andenken jedes Jahr in New York City statt?

Aufgabe

Erzählen Sie etwas über Baron von Steuben.

Friedrich von Steuben, der von George Washington für die Ausbildung der amerikanischen Armee verantwortlich gemacht wurde.

Molly Pitcher half den Soldaten an der Front, indem sie ihnen Munition und Wasser brachte. Sie half auch beim Laden der Kanonen.

3. Molly Pitcher und die Hessen

Als Heldin des Freiheitskrieges wurde auch *Molly Pitcher* bekannt, deren wirklicher Name Maria Heiss war. Sie hatte ihren Mann auf die Schlachtfelder° begleitet und ihn und die anderen Soldaten mit Munition und Wasser aus ihrem "pitcher" versorgt,° was ihr den neuen Namen gegeben hatte.

Als ihr Mann beim Laden° seiner Kanone einmal verwundet° wurde, sprang sie selbst an die Front und lud die Kanone für ihn. Ein Gemälde° dieser Szene hängt jetzt in einem Museum in New York.

Von den hessischen Söldnern,° die nach dem Kriege in Amerika blieben, erhielt jeder vom Kongreß 50 Morgen° Land. Tausende andere Deutsche, von den Berichten ihrer Freunde und Verwandten angezogen,° folgten

Schlachtfelder
battlefields

versorgt
provided

Laden
loading

verwundet
wounded

Gemälde
painting

Söldnern
mercenaries

Morgen
acres

angezogen
attracted

ihnen in das große neue Land der Freiheit nach. Mehr und mehr Deutsche siedelten sich im Mittelwesten an.°

Um die Mitte des 19. Jahrhunderts gab es auch schon viele deutsche Einwanderer in den südlichen und westlichen Staaten. Fast alle hatten sich schnell an die Sprache und Sitten° ihrer neuen Heimat gewöhnt.°

siedelten sich ... an
settled
Sitten
customs
gewöhnt
accustomed

Fragen

1. Als was wurde Molly Pitcher bekannt?
2. Welches war ihr wirklicher Name?
3. Weshalb hatte sie den neuen Namen bekommen?
4. Was tat sie, als ihr Mann verwundet wurde?
5. Wo hängt das Gemälde von ihr jetzt?
6. Wo siedelten sich mehr und mehr Deutsche an?
7. Wo gab es im 19. Jahrhundert auch schon viele deutsche Einwanderer?
8. Woran hatten sich fast alle schnell gewöhnt?

Aufgabe

Berichten Sie, was Sie von Molly Pitcher wissen.

4. Ankunft im Mittelwesten

Der fruchtbare° Mittelwesten war ein besonderer Zu-
fluchtsort° für viele Deutsche, die Freiheit von religiöser
Verfolgung suchten. Die ersten von ihnen—Pietisten und
Quäker—waren in Conestoga-Wagen nach Pennsylvanien
gekommen, wo ihre Nachkommen° heute noch leben.

fruchtbare
fertile

Zufluchtsort
refuge

Nachkommen
descendants

*Tausende Farmerfamilien siedelten sich im Mittelwesten an. Sogar die Kinder halfen mit bei
der Arbeit auf den Feldern und zu Hause.*

Andere Gruppen, darunter auch die *Amischen,* zogen mit ihren Familien weiter nach Ohio, Indiana, Wisconsin, und Iowa. Zwischen 1816 und dem Ersten Weltkrieg waren es über 5,5 Millionen Deutsche, die in der Hoffnung auf religiöse und politische Freiheit und auf eine bessere wirtschaftliche Zukunft die Reise über den Ozean gewagt° hatten. Die meisten von ihnen wurden erfolgreiche° Farmer und Städtebauer.

Nur die Amischen unter ihnen setzen ihre strengen Traditionen wie in der alten Heimat fort. Ihre Religion, ursprünglich° der ihrer mennonitischen Brüder ähnlich,° verbietet ihnen, solche modernen Erfindungen wie Autos und Elektrizität zu benutzen. Sie sprechen immer noch Deutsch unter sich, und ihre Kinder wachsen einfach und ganz natürlich auf.°

gewagt
ventured

erfolgreiche
successful

ursprünglich
originally

ähnlich
similar

wachsen . . . auf
grow up

Fragen

1. Was suchten viele der deutschen Bauern und Handwerker im Mittelwesten?
2. Worin waren die ersten von ihnen nach Pennsylvanien gekommen?
3. Wohin zogen andere Gruppen mit ihren Familien weiter?
4. Wieviele Deutsche kamen zwischen 1816 und dem Ersten Weltkrieg nach Amerika?
5. Was wurden die meisten von ihnen?
6. Was setzen nur die Amischen fort?
7. Was sprechen sie immer noch unter sich?
8. Wie wachsen die amischen Kinder auf?

Aufgabe

Beschreiben Sie das Leben der Amischen.

9

Das Nimitz Hotel wurde vom Großvater von Admiral Nimitz erbaut, der die amerikanische Flotte zum siegreichen Ende des 2. Weltkrieges führte.

5. Neues Ziel: Texas

Auch Texas hat viele Deutsch-Amerikaner. Einige der Orte dort sehen fast aus wie süddeutsche Städtchen. Besonders *Fredricksburg* mit seinen vielen Fachwerkhäusern,° das zuerst Friedrichsburg hieß. Fast alle seiner Einwohner sind deutscher Abstammung.° Manche Schilder° an den Geschäften und Gebäuden sind auf deutsch, manche zweisprachig.° Am Eingang der Bücherei° steht: "English also spoken."

Das "Nimitz Hotel" im Mittelpunkt° des Ortes ist jetzt ein Museum. Der Großvater des Helden des Zweiten Weltkriegs, *Admiral Nimitz,* gehörte zu den deutschen Pionieren, die seit 1845 nach Südtexas ausgewandert waren. Die meisten von ihnen kamen auf Ochsenkarren.° Angriffe° von Indianern, schwere Regenstürme und eine Cholera-Epidemie reduzierten die Zahl der 7 400 deutschen Eingewanderten in zwei Jahren auf nur 2 800.

Baron von Meusebach war der Gründer von Fredricksburg. Unter den vielen anderen deutschen Siedlungen° in dieser Gegend wurde vor allem *New Braunsfelds* bekannt. Es war die erste der von Meusebach gegründeten Kolonien.

Fachwerkhäusern
half-timbered
houses (built
with wood and
masonry)

Abstammung
descent

Schilder
signs

zweisprachig
bilingual

Bücherei
library

Mittelpunkt
center

Ochsenkarren
oxcarts

Angriffe
assaults

Siedlungen
settlements

10

Fragen

1. Wie sehen einige der Orte in Texas fast aus? *Aus (wie) SÜDDEUTSCH STÄDTCHEN W*
2. Wie hieß Fredricksburg zuerst? *FRIEDRICHSBURG*
3. In welchen Sprachen sind manche Schilder dort geschrieben? *Auf Deutsch*
4. Wer gehörte zu den ersten deutschen Pionieren in Fredricksburg? *der GROSVATER, ADMIRAL NIMITZ*
5. Was reduzierte die Zahl der deutschen Ankömmlinge in zwei Jahren? *ANGRIFFE VON INDIANERN, SCHWERE REGENSTÜRME*
6. Wer war Baron von Meusebach? *der Gründer von F. CHOLERA - EPIDEMIE*
7. Welche andere deutsche Siedlung wurde auch bekannt? *NEW BRAUNSFELD*
8. Was gab es noch bis vor wenigen Jahren in New Braunsfeld? *(BARON VON MEUSEBACH)*

ES WAR DIE ERSTE DER VON MEUSEBACH KOLONIEN —

Aufgabe

Schildern Sie, was man in Fredricksburg sieht.

FAST — ALMOST

ORT(e) — TOWN

HELDEN — HERO

GEHÖREN — BELONG TO

DIE GUGUND — REGION

11

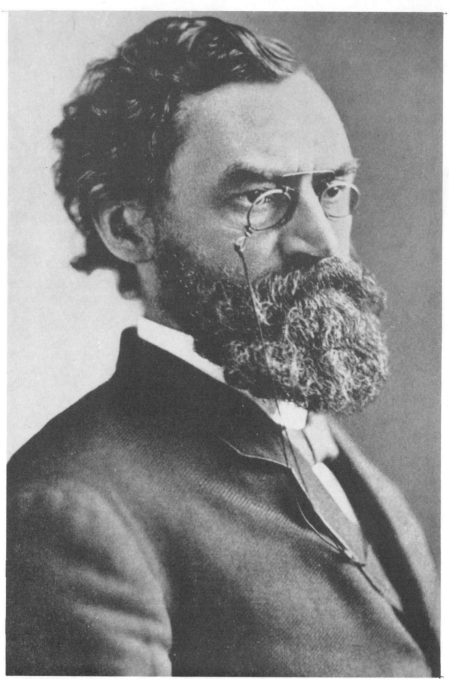

Carl Schurz war nicht nur Berater von Präsident Lincoln, sondern wurde auch Innenminister unter Präsident Hayes.

6. Die Achtundvierziger

Für die Deutschen war 1848 ein unglückliches Jahr. Ihr Land war immer noch nicht vereint;° einzelne Fürsten und Prinzen regierten ihre vielen kleinen Staaten mit eiserner Hand. Die mutigen° Patrioten, die in diesem Jahr eine Revolution proklamierten, wurden brutal unterdrückt.° Viele mußten fliehen, und einer von ihnen war *Carl Schurz* (1829–1906), der bei seiner Ankunft in Amerika wie ein Held empfangen wurde.

Auch in der neuen Heimat wurde er bald eine Symbolfigur° für politische Freiheit. Obwohl er zuerst kaum Englisch konnte, wurde er ein brillanter Redner.° Als Gründer der republikanischen Partei in Wisconsin half er Abraham Lincoln in seinem Wahlkampf.° Der neue Präsident ernannte ihn 1861 zu seinem Gesandten in Spanien. Als sein politischer Berater° kämpfte Schurz mit ihm gegen die Sklaverei und für soziale Reformen. Im Bürgerkrieg° machte Lincoln ihn zu einem General der Union. Im Jahre 1877 wurde er Innenminister.°

Auch viele andere der "Achtundvierziger", die mit Schurz nach Amerika geflohen waren, halfen mit am Aufbau° der neuen, großen Nation.

vereint
united

mutigen
courageous

unterdrückt
suppressed

Symbolfigur
symbolic figure

Redner
speaker

Wahlkampf
election campaign

Berater
advisor

Bürgerkrieg
Civil War

Innenminister
Secretary of the Interior

Aufbau
establishment

Fragen

1. Was war Deutschland im Jahre 1848 noch nicht?
2. Wer regierte die vielen kleinen Staaten?
3. Was hatten mutige Patrioten 1848 proklamiert?
4. Wie wurde Carl Schurz in Amerika empfangen?
5. Was wurde er auch in seiner neuen Heimat?
6. Wem half Schurz im Wahlkampf?
7. Wogegen kämpfte Schurz als Lincolns politischer Berater?
8. Was wurde Schurz im Bürgerkrieg?
9. Was taten auch viele andere "Achtundvierziger"?

Aufgabe

Erklären Sie den Ausdruck "die Achtundvierziger".

13

Die Seereise nach Amerika war im 18. und 19. Jahrhundert ein großes Risiko. Nur die Gesündesten erreichten die neue Heimat.

7. Nicht alle kamen an

Zwischen Abschied° von der alten Heimat und Ankunft in der Neuen Welt verging° für die Auswanderer von damals immer eine lange Zeit. Verwandte und Freunde begleiteten die Familien meist noch über ihre Ortschaft° hinaus, bis ihre Pferdewagen am Horizont verschwunden waren.

Amsterdam war der Hafen der ersten Auswanderer gewesen. Von hier dauerte die Überfahrt bis zur Mitte des 19. Jahrhunderts immer noch zwei bis sechs Monate. Oft erreichte nur die Hälfte der Segelschiff-Passagiere° ihr Ziel, weil die anderen unterwegs° an Hunger oder Seuchen° gestorben waren. Mit den neuen Dampfschiffen° dauerten die meisten Überfahrten von Hamburg oder Bremerhafen aus nur noch zwei Wochen.

Manche der Dampfer landeten in New Orleans, Philadelphia, Baltimore oder Galveston, aber mehr und mehr von ihnen landeten in New York. Hier wurden die Einwanderer von 1855 an in "Castle Garden", das als Ankunftsstation° diente, registriert. Ab 1892 war es Ellis Island, gegenüber von Manhattan, wo die Immigranten ihre ersten Eindrücke° von Amerika erhielten.

Abschied
departure

verging
passed

Ortschaft
village

Passagiere
passengers

unterwegs
on the way

Seuchen
contagious diseases

Dampfschiffen
steamships

Ankunftsstation
arrival point

Eindrücke
impressions

Fragen

1. Wer begleitete die Auswanderer meist?
2. Was war Amsterdam gewesen?
3. Wie lange dauerte die Überfahrt bis zur Mitte des 19. Jahrhunderts?
4. Warum kamen oft nur die Hälfte der Passagiere in Amerika an?
5. Wie lange dauerten die Überfahrten mit den neuen Dampfschiffen?
6. Wo landeten mehr und mehr Dampfer?
7. Was diente in New York von 1855 ab als Ankunftsstation?
8. Wo erhielten die Neuankömmlinge von 1892 ab ihre ersten Eindrücke von Amerika?

Aufgabe

Schildern Sie die Überfahrt der ersten deutschen Auswanderer.

15

8. Erzieher° aus Deutschland

Die mißglückte° Revolution von 1848 hatte nicht zur deutschen Einigung geführt. Unter den Flüchtlingen, die sich nach Demokratie und Freiheit gesehnt° hatten, waren auch viele Erzieher wie *Francis Lieber* (1800–1872), der das erste amerikanische Lexikon nach deutschem Vorbild herausgab.° Vor ihm hatten schon *Charles Follen, Karl Beck* und andere deutsche Professoren das amerikanische Universitätsleben bereichert.° Mit der 1874 gegründeten Johns Hopkins Universität war das deutsche akademische System auch in der Neuen Welt angewandt° worden.

Sogar der erste Kindergarten wurde 1856 von einer deutschen Pädagogin,° *Margarethe Meyer-Schurz,* der Frau von Carl Schurz, gegründet. Heute ist das kleine Holzhaus noch in Watertown, Wisconsin, zu sehen.

Zum Gedenken an Schurz findet jedes Jahr im August eine *Deutsche Tag-Feier* in Nashota, nicht weit von Milwaukee, statt. Auch viele Kinder nehmen daran teil, die wie im ersten von Frau Schurz geleiteten° amerikanischen Kindergarten deutsche Lieder und Tänze darbieten.°

Erzieher
Educators

mißglückte
doomed

gesehnt
longed

herausgab
published

bereichert
enriched

angewandt
applied

Pädagogin
pedagogue

geleiteten
directed

darbieten
perform

Der erste amerikanische Kindergarten ist heute ein Museum. Hier sieht man Margarethe Meyer-Schurz mit ihren Kindern als Wachsfiguren.

Der von der 23-jährigen Margarethe Meyer-Schurz gegründete Kindergarten wurde bald das Modell für die Kindergärten in der ganzen Nation.

Fragen

1. Wonach hatten sich die Flüchtlinge nach der 1848 Revolution gesehnt? DEMOKRATIE UND FREIHEIT
2. Was gab Francis Lieber heraus? DAS ERSTE AMERIKANISCHE LEXIKON –
3. Wer gründete den ersten Kindergarten in Amerika? MARGARETHE MEYER – SCHURZ.
4. Wer war Margarethe Meyer-Schulz? DIE FRAU VON CARL SCHURZ
5. Was war 1874 an der Johns Hopkins Universität angewandt worden? DAS DEUTSCHE AKADEMICH SYSTEM
6. Was findet zum Gedenken an Schurz jedes Jahr statt? EINE DEUTSCHE TAG-FEIER
7. Wer nimmt auch daran teil? IN IVA SHOTA
8. Was bieten die Kinder auf der Feier dar? Lieder + Tänze darbieten offer

Aufgabe

Beschreiben Sie den Kindergarten in Watertown.

17

John August Sutter führte ein abenteuerliches Leben. Während des "Goldrauschs" wurde er reich, aber sein Ende war tragisch arm.

9. Pionier und Abenteurer

Der "Goldrausch"° von 1849 zog auch viele Deutsche an. Sie kamen zu Tausenden nach Kalifornien, weil sie wie viele Abenteurer aus der ganzen Welt von "Sutter's Mill" gehört hatten.

    John August Sutter (1803–1880), um diese Zeit der "Vater von Kalifornien" genannt, hatte sich hier am Sacramento-Fluß niedergelassen.° Im deutschen Dorf Kandern geboren, war er Soldat und Geschäftsmann° in der

Goldrausch
gold rush

niedergelassen
settled down

Geschäftsmann
businessman

Schweiz geworden und 1834 wegen seiner Schulden° nach Amerika geflohen. Nach anfänglichen Tauschgeschäften° mit Indianern wurde er in wenigen Jahren der "Weizen- und Viehkönig"° an der Westküste. Er organisierte auch die reiche Fischindustrie von Kalifornien, das noch ein mexikanischer Staat war. Sein Gouverneur, Manuel Micheltorena, machte Sutter zu seinem Stellvertreter.°

Trotzdem starb Sutter als ein bitterarmer° Mann. Horden von Abenteurern, von den ersten Goldfunden auf "Sutter's Mill" angelockt, hatten ihn 1865 von seiner Farm bei Coloma vertrieben.°

Schulden
debts

Tauschgeschäften
bartering deals

Weizen- und Viehkönig
wheat-and-cattle king

Stellvertreter
representative

bitterarmer
very poor

vertrieben
drove away

Fragen

1. Weshalb kamen 1849 auch viele Deutsche nach Kalifornien?
2. Wo war Sutter geboren?
3. Weshalb war er nach Amerika geflohen?
4. Was wurde er in wenigen Jahren?
5. Was war Kalifornien damals noch?
6. Wozu machte ihn der mexikanische Gouverneur?
7. Was taten Horden von Abenteurern 1865 mit Sutter?

Aufgabe

Schildern Sie das Leben von John Sutter.

19

10. Erfüllte° Träume

Als *John Jacob Astor* 1784 ohne einen Pfennig in der Tasche in New York ankam, begann er sein neues Leben als Straßenhändler.° Fünfzig Jahre später starb er als der reichste Mann seiner Zeit.

Was hatte den Einundzwanzigjährigen bewogen,° sein Glück in Amerika zu suchen? Seine Jugend in Walldorf bei Heidelberg war hart gewesen. Als eines von zwölf Kindern seines Vaters, der eine Schlächterei° hatte, mußte er oft für ihn bis in die Nacht hinein tüchtig arbeiten. John hatte einen Traum. Wie einer seiner Brüder wollte er sich in der Neuen Welt ein besseres Leben aufbauen.

In New York hörte er von den Indianern im Norden, die ihre Pelze° für billigen Schmuck° eintauschten.° Er reiste zu ihnen, versuchte sich° selbst als Trapper und begann seinen eigenen Pelzhandel. Sein Einkommen investierte er in billige Häuser und Farmland, was ihn später zum Millionär machte.

Mit seiner 1809 gegründeten "American Fur Company" öffnete er neue Handelswege° für die USA bis in den Orient. Sein Traum hatte sich erfüllt. Ein berühmtes Portrait von ihm hängt in der Stadtbibliothek von New York, deren Mitgründer° er war.

Erfüllte
Fulfilled

Straßenhändler
street peddler

bewogen
motivated

Schlächterei
butcher shop

Pelze
furs

Schmuck
jewelry

eintauschten
bartered

versuchte sich
tried himself

Handelswege
trade routes

Mitgründer
cofounder

Fragen

1. Mit wieviel Geld kam John Jacob Astor in New York an?
2. Was war er am Ende seines Lebens?
3. Wie war seine Jugend in Walldorf gewesen?
4. Wie lange mußte er oft arbeiten?
5. Was hatte sein Vater in Walldorf?
6. Was für einen Handel begann Astor?
7. Worin investierte er sein Einkommen?
8. Was öffnete seine "American Fur Company" für die USA?

Aufgabe

Beschreiben Sie das Leben von John Jacob Astor.

John Jacob Astor war einer der reichsten Männer seiner Zeit. Viele bewunderten ihn, aber andere nannten ihn einen Opportunisten.

Charles Steinmetz war einer der vielen deutschen Techniker, die in ihrem neuen Heimatland neue Erfindungen gemacht hatten.

22

11. Ein zweiter Edison

[handwritten: ANOTHER]

Lang ist auch die Liste der im 19. Jahrhundert aus
Deutschland gekommenen Ingenieure und Techniker,
denen Amerika zum großen Teil seinen industriellen Auf-
stieg° verdankte.° *Ottmar Mergenthaler* erfand 1884 die
Linotype-Setzmaschine,° *Emile Berliner* den Schallplatten-Phonographen.° Und *John Roebling* war der Archi-
tekt der 1873 vollendeten Brooklyn Hängebrücke,° die
das "achte Weltwunder" genannt wurde und noch heute
besteht.° *[handwritten: V = FINISHED]*

Der berühmteste von ihnen war ein kleiner, buckliger°
Mann, *Charles Steinmetz* (1865–1923). Er mußte als
vierundzwanzigjähriger Student Breslau verlassen, weil *[handwritten: ABANDONNER]*
er freiheitliche Ideen hatte, die der Polizei nicht gefielen.
In Yonkers begann er mit der Massenproduktion° von
Motoren. Später machte er für General Electric über 100
Erfindungen° auf dem Gebiet der Elektrizität, so daß er
bald der "zweite Edison" genannt wurde.

Henry Ford wollte einmal von ihm wissen, weshalb er *[handwritten: WARUM (why)]*
ihm für eine kleine Reparatur° 10 000 Dollar berechnet°
hatte. "Ein Dollar davon war für meine Arbeit", sagte
Steinmetz ihm. "Der Rest war für meine Erfahrung".°

[margin glossary]
[handwritten: ERFAND]

Aufstieg
rise

verdankte
owed

**Linotype-
Setzmaschine**
linotype setting
machine

**Schallplatten-
Phonographen**
phonograph

Hängebrücke
suspension
bridge

besteht
exists

buckliger
humpbacked

Massenproduktion
mass production

Erfindungen
inventions

Reparatur
repair

berechnet
charged

Erfahrung
experience

Fragen

1. Was hat Ottmar Mergenthaler erfunden? *[handwritten: DIE LINOTYPE-SETZMASCHING]*
2. Wer erfand den Schallplatten-Phonographen? *[handwritten: EMILE BERLINER]*
3. Was wurde 1873 das "achte Weltwunder" genannt? *[handwritten: – DER BROOKLYN]*
4. Was für ein Mann war Charles Steinmetz? *[handwritten: DER BERLI. HÄNGE BRUCKE]*
5. Warum mußte er Breslau verlassen? *[handwritten: ER HAT FREIHEITLICH]* *[handwritten: ARTESTE – ein kleiner]*
6. Wieviele Erfindungen machte er für General Electric? *[handwritten: IDEE buckliger]*
7. Was hatte Steinmetz einmal für eine Reparatur für *[handwritten: HATTE]*
   Henry Ford berechnet? *[handwritten: 10,000 DOLLAR]*
8. Was verlangte er für seine Erfahrung? *[handwritten: 9,999]*

[margin handwritten: ÜBER 100]

Aufgabe

Was wissen Sie über Charles Steinmetz?

[handwritten: ER WAR EIN KLEINER BUCKLIGER. ER WAR IN 1865 GEBOREN UND GESTORBEN IN 1923, ER FREIHEITLICH IDEEN HATTE,]

Zu den Bierbrauern, die in den USA ihr Glück versuchten, gehörte Adolphus Busch. Sein Unternehmen wurde das größte in den Staaten.

12. Von Mainz nach St. Louis

Nach 1870 waren die Wellen der deutschen Einwanderer immer mehr angewachsen.° Allein im Jahre 1882 hatten die USA über 250 000 von ihnen aufgenommen. Die meisten waren auf der Suche nach wirtschaftlicher Verbesserung° gekommen, und viele wurden erfolgreiche Unternehmer.° Vor ihnen hatten schon Männer wie *Levi Strauss,* der Vater der "blue jeans", *Frederick Weyerhauser,* der Holzfabrikant, und *Henry Steinway,* der Klavierbauer, ihre großen Firmen° aufgebaut.

Als das Bier auch in Amerika immer populärer wurde, begannen viele deutsche Brauer° neue große Unternehmen aufzubauen, vor allem im Mittelwesten. Ob sie Schlitz, Blatz, Miller oder Pabst hießen, sie waren fast alle aus Bayern gekommen. "Lagerbier" wurde bald ein nationales Getränk;° es war von einem Einwanderer aus

angewachsen
grown

Verbesserung
improvement

Unternehmer
entrepreneurs

Firmen
companies

Brauer
brewers

Getränk
beverage

Mainz in St. Louis eingeführt° worden, dessen belgische Clydesdales° noch heute manche ihrer schweren Bierwagen ziehen. Ihr Besitzer war *Adolphus Busch* (1839–1913). Er heiratete die Tochter von Eberhard Anheuser, eines anderen erfolgreichen Bierherstellers,° und wurde nach dessen Tod Präsident der heutigen Anheuser-Busch Brauerei, die sich rühmt,° die größte in Amerika zu sein.

eingeführt
introduced

Clydesdales
a Belgian breed
of horses

Bierhersteller
beer maker

sich rühmt
boasts

Fragen

1. Wieviel deutsche Einwanderer kamen 1882 nach den USA?
2. Was wurden viele von ihnen?
3. Wer hatte schon vor ihnen große Firmen aufgebaut?
4. Wo gründeten deutsche Brauer die meisten Unternehmen?
5. Was wurde "Lagerbier" bald?
6. Wer hatte es eingeführt?
7. Wen heiratete Adolphus Busch?
8. Wie heißt die hieraus entstandene Brauerei?

Aufgabe

Was wissen Sie von Levi Strauss und seinem neuen Produkt?

Die Clydesdale Pferde, die ursprünglich aus Belgien stammten, sind das Symbol für die Busch Brauerei geworden.

13. Mit Spaten° und Hammer

Die meisten der deutschen Immigranten, bis zum frühen 20. Jahrhundert, waren Bauern und Handwerker mit ihren Familien. Sie halfen mit ihrem Fleiß° ihr neues großes Heimatland zu erschließen° und schreckten vor keiner Arbeit zurück,° womit sie sich in allen Staaten den Respekt ihrer Landsleute verdienten.

Deutsche Bauern hatten sich vor allem in Pennsylvanien und im Mittelwesten angesiedelt, wo viele Orte noch heute deutsche Namen wie New Berlin, Germantown, Kiel, New Holstein, New Ulm und ähnliche haben. Zusammen mit deutschen Handwerkern hatten die Bauern auch Siedlungen in Louisiana, Texas, Kalifornien, Washington und Oregon gegründet. Heute gibt es kaum einen der Vereinigten Staaten, in dem nicht deutsche Einwanderer und ihre Nachkommen leben.

Die Handwerker aus der alten Heimat waren fast fünfunddreißig Prozent der ersten Einwanderer, wie die Statistiken zeigen. Sie kamen mit Spaten und Hammer, Kelle° und Metermaß, um ihre erlernten Berufe fortzusetzen. Bald gab es fast überall Werkstätten von Webern, Hufschmieden,° Zimmerleuten,° Gold- und Silberschmieden, Zeugschmieden° und Maurern.°

Fragen

1. Was waren die meisten der deutschen Immigranten?
2. Was verdienten sie sich in allen Staaten?
3. Wo hatten sich die meisten deutschen Bauern angesiedelt?
4. Was für deutsche Ortsnamen gibt es dort noch?
5. Was für Leute leben heute in fast allen der Vereinigten Staaten?
6. Was brachten fast 35% der Einwanderer mit sich?
7. Was für Berufe hatten diese Handwerker?

Spaten
spade

Fleiß
industriousness

erschließen
open up

schreckten ... zurück vor
to shrink from

Kelle
trowel

Werkstatt
workshop

Hufschmiede
blacksmiths

Zimmerleute
carpenters

Zeugschmiede
armorers

Maurer
masons

Aufgabe

Beschreiben Sie, was der Handwerker auf dem Bild tut.

Nach den ersten Einwanderern, die zum größten Teil Farmer waren, kamen auch mehr und mehr Handwerker ins Land, wie zum Beispiel dieser Schmied. BLACKSMITH

14. Deutsche Zeitungen in USA

Noch im Jahre 1920, zwei Jahre nach dem Ersten Weltkrieg, gab es 278 deutschsprachige Zeitungen und Zeitschriften in den Vereinigten Staaten, von denen aber 1950, nach dem Zweiten Weltkrieg, nur noch 60 existierten. Die Gründe° hierfür waren unter anderen der wachsende Gebrauch der amerikanischen Landessprache,° des Englischen, sowie die Auswirkungen des Zweiten Weltkrieges.

Die erste dieser Publikationen war die 1732 von Benjamin Franklin begonnene "Philadelphische Zeitung" gewesen. In Germantown erschien zwei Jahre später "Der Pennsylvanische Geschichtsschreiber"° und 1762 der von Henry Miller gegründete "Staatsbote",° die als erste Zeitung im Lande die Unabhängigkeits-Erklärung° bekannt machte.

Noch im 19. Jahrhundert hatten sich deutschsprachige Zeitungen und Zeitschriften in ganz Amerika verbreitet,° darunter die aus New York kommende "Illustrirte Zeitung". Die fortschreitende° Amerikanisierung der Einwanderer führte aber dazu, daß ihre Zahl sich immer mehr verringerte.° Heute gibt es nur noch 45 deutsche Zeitungen in den USA, die das Band° mit der alten Heimat weiter erhalten.

Gründe reasons

Landessprache national language

Geschichtsschreiber Historian

Staatsbote State Messenger

Unabhängigkeits-Erklärung Declaration of Independence

verbreitet spread out

fortschreitende progressing

verringerte lessened

Band link

Fragen

1. Wann gab es noch 278 deutschsprachige Zeitungen in den USA?
2. Wie viele davon existierten noch 1950?
3. Was war der Grund hierfür?
4. Wer hat die erste deutsche Zeitung in Amerika begonnen?
5. Was machte der "Staatsbote" bekannt?
6. Welche New Yorker Zeitung war im 19. Jahrhundert stark verbreitet?
7. Wozu führte die fortschreitende Amerikanisierung der Einwanderer?
8. Wie viele deutsche Zeitungen gibt es heute noch in den USA?

Aufgabe

Beschreiben Sie das Bild auf der "Illustrirten Zeitung" aus
dem Jahre 1875.

*Die in New York erscheinende "Illustrirte Zeitung" war unter den ersten Deutsch-
Amerikanern sehr beliebt.* POPULAR

Bierfest in einem deutschen Restaurant in New York, wo es außer Musik und Gesang auch noch kleine Theaterstücke auf deutsch gab.

15. Old-Time "Gemütlichkeit"°

Viele Deutsch-Amerikaner setzten in der neuen Heimat ihre alten Sitten fort. Besonders in Großstädten wie New York, Philadelphia, St. Louis, Cincinnati und Milwaukee gab es Musik-, Gesang- und Turnvereine,° in denen Gemütlichkeit rasch ein Teil des Lebens im amerikanischen "Schmelztiegel"° wurde.

Konzerte und Sängerfeste° waren sehr populär in diesen Gegenden. Überall wo deutsche Einwanderer mit ihren Familien lebten, wie zum Beispiel auf der 86. Straße in New York, hörte man bis zum Ersten Weltkrieg fast nur die deutsche Sprache.

Sportliche und gesellschaftliche° Programme wurden in den Turnhallen und Bierhallen geboten, wo man Weißwurst° und rheinischen Sauerbraten° essen konnte. Sommerfeste und Paraden, oft zu Ehren von deutsch-amerikanischen Pionieren wie Carl Schurz und von Steuben, finden noch heute in vielen amerikanischen Städten statt.

Gemütlichkeit sociability

Turnvereine gymnastic clubs

Schmelztiegel melting pot

Sängerfeste songfests

gesellschaftliche social

Weißwurst white sausage

Sauerbraten stewed pickled beef

30

Fragen

1. Was setzten viele Deutsch-Amerikaner in der neuen Heimat fort? *ihre alten Sitten*
2. Was für Vereine gab es in Großstädten? *Musik, Gesang –*
3. Wovon wurde Gemütlichkeit bald ein Teil? *ein von leben*
4. Wo hörte man bis zum Ersten Weltkrieg fast nur die deutsche Sprache? *86 Straße NY*
5. Was wurde in Turnhallen und Bierhallen geboten? *sportliche*
6. Was konnte man da essen?
7. Was findet heute noch in vielen amerikanischen Städten statt? *Parade, Ehren*

Amer-schmelz tiegel
gesellschaft. liche
Prus
★ STATT finden
Weiß willst
sauer Nacken?

Aufgabe

Beschreiben Sie die beiden Bilder aus New York. *both pictures* *at the time*

Auch dieses Sängerfest in New York war typisch damals. Solche Feste dauerten oft mehrere Tage, und viele Wettbewerbe fanden statt.

16. Primadonna° in New York

Für Deutschland war 1933 ein tragisches Jahr. Mit der Machtübernahme° Hitlers begann eine politische Zeit, in der alle persönliche Freiheit und Opposition zur neuen Nazi-Diktatur unterdrückt wurde. Sogar das Kunst- und Theaterleben wurde von der Regierung gelenkt.° Jeder Widerstand° gegen die neuen Gesetze wurde mit Entlassung° und später mit Verhaftung° bestraft, was viele Künstler ins Exil zwang.

Eine der mutigsten Gegner° des Nazi-Regimes war die 1888 in Berlin geborene Sängerin *Lotte Lehmann*. Sie war die immer noch in der ganzen Welt gefeierte Primadonna der Opernbühne und lehnte einen von Hitler gesandten Befehl ab,° als hochbezahlter° Star der Berliner Staatsoper nur noch in Deutschland zu singen. Im Jahr 1938 traf sie in New York ein, um eine neue Karriere an der Metropolitan Opera zu beginnen. Kurz darauf wurde sie Amerikanerin.

Lehmanns wunderbare Stimme wurde von Publikum und Presse begeistert° gelobt. Sie wurde nicht nur in zahlreichen Opern bekannt; bald wurde sie auch Amerikas "First Lady of Song". Ihr letztes Konzert war 1951, und sie arbeitete noch bis 1961 an Fernseh- und Radioproduktionen. Bis zum Schluß aktiv, starb sie 1976 in Santa Barbara mit 88 Jahren.

Primadonna
female star of grand opera

Machtübernahme
seizure of power

gelenkt
directed

Widerstand
resistance

Entlassung
dismissal

Verhaftung
arrest

Gegner
opponents

lehnte . . . ab
refused

hochbezahlter
highly paid

begeistert
enthusiastically

Fragen

1. Was wurde 1933 in Deutschland unterdrückt?
2. Wer war Lotte Lehmann?
3. Welchen Befehl lehnte sie ab?
4. Warum verließ sie Deutschland?
5. An welcher Oper sang sie in Amerika?
6. Wie wurde sie auch genannt?
7. Woran arbeitete sie noch bis 1961?
8. Was blieb Lotte Lehmann bis zu ihrem Tode?

Aufgabe

Beschreiben Sie die politische Situation in Deutschland während der Nazi-Periode.

32

Lotte Lehmann, die nach 1933 nach Amerika kam, sang in den größten amerikanischen Opernhäusern.

Bruno Walter gehörte zu den Großen, die Deutschland verließen. Unter seiner Leitung erreichte die New Yorker Philharmonie neuen Weltruhm.

17. Der Exodus wächst an

Niemand hatte mehr unter dem zwölfjährigen Naziregime zu leiden° als die Juden. Nachdem sie alle 1938 ihre deutsche Staatsangehörigkeit° verloren hatten, wurden sie das Hauptziel° der brutalen Rassenpolitik.° Einigen, darunter berühmten Künstlern und Wissenschaftlern,° gelang es noch vor dem Zweiten Weltkrieg ins Ausland zu flüchten, vor allem nach Amerika.

Bruno Walter (1876–1962), der geniale Dirigent° der Berliner Oper, war einer von ihnen. Schon lange hatte er auf beiden Seiten des Ozeans seine musikalischen Triumphe erlebt.° Auf einer Konzertreise 1938 blieb er in New York, wo er zum Leiter° des Philharmonischen Orchesters ernannt wurde. Sein letztes Konzert gab er 1957 mit Beethovens "Pastorale" in der Carnegie Hall.

Walter zählte° zu den größten Dirigenten seiner Zeit. Für ihn war Musik, wie auch für seine ebenfalls° vor den Nazis geflüchteten Kollegen *Paul Hindemith* und *Otto Klemperer,* der höchste Ausdruck° der menschlichen Existenz.

leiden
  suffer
Staatsangehörigkeit
  citizenship
Hauptziel
  main target
Rassenpolitik
  racial policies
Wissenschaftlern
  scientists
Dirigent
  conductor
erlebt
  experienced
Leiter
  director
zählte
  counted
ebenfalls
  likewise
Ausdruck
  expression

Fragen

1. Wer hatte am meisten unter dem Naziregime zu leiden?
2. Was hatten sie 1938 verloren?
3. Was gelang einigen von ihnen noch vor dem Zweiten Weltkrieg?
4. Was tat Bruno Walter 1938?
5. Wozu wurde er in New York ernannt?
6. Welches war sein letztes Konzert?
7. Was war Musik für Bruno Walter?

Aufgabe

Was wissen Sie von der Rassenpolitik unter den Nazis?

18. Unvergessene° Legende

Tausende Berliner hatten ihr allabendlich° zugejubelt,° als sie 1928 die erste Jenny in der "Dreigroschenoper" war. Kurt Weill, ihr Mann, der die Musik zu Bert Brechts großem Erfolgsstück° komponiert hatte, wußte, daß niemand anders seinen neuen Song-Typus so perfekt wie sie interpretieren konnte. Die "Lenya", wie jeder sie nannte, wurde zur Legende.

Als Achtjährige war *Lotte Lenya* schon im Zirkus aufgetreten.° Ballett und Theater waren die nächsten Stationen in ihrem Leben, bevor sie in Berlin in Operetten spielte. Sie sang nur nach dem Gehör,° weil sie keine Noten lesen konnte, aber ihre markante° Stimme war von solch einer lyrischen Zartheit,° daß niemand sie vergessen konnte.

Weil sie Juden waren, gingen auch die Weills 1933 ins Exil, zuerst nach Paris und London, dann nach New York. Nach dem frühen Tod ihres Mannes im Jahre 1950 begann Lotte ihre zweite Karriere: im Film und auf der Bühne° in Amerika mit einigen Besuchen in Deutschland. Der letzte "Superstar" der 20er Jahre starb 1981 in New York. Ihre Stimme ist unvergessen.

Unvergessene
Unforgotten

allabendlich
every night

zugejubelt
cheered

Erfolgsstück
successful play

aufgetreten
appeared

nach dem Gehör
by ear

markante
striking

Zartheit
tenderness

auf der Bühne
on stage

Fragen

1. Wer hatte Lotte Lenya allabendlich zugejubelt?
2. Was wußte Kurt Weill, ihr Mann?
3. Wo war sie schon mit acht Jahren aufgetreten?
4. Was waren die nächsten Stationen in ihrem Leben?
5. Warum sang die Lenya nur nach dem Gehör?
6. Warum gingen die Weills 1933 ins Exil?
7. Wann begann Lotte ihre zweite Karriere?
8. Was war sie, als sie 1981 starb?

Aufgabe

Schildern Sie das Leben von Lotte Lenya.

Den letzten "Superstar" der 20er Jahre hatte man Lotte Lenya genannt. Mit ihrem Mann, Kurt Weill, begann sie eine neue Karriere in den USA.

Das Genie Albert Einstein, der Erfinder der Relativitätstheorie, kam 1933 nach Amerika. Dort lehrte er bis 1955 an der Princeton Universität.

19. Bescheidenes Wunderkind°

(handwritten: MODEST)

① Über 7 600 Akademiker waren von 1933 bis 1941 nach USA ausgewandert. Für sie alle gilt,° was Helmut Schmidt, der frühere deutsche Kanzler, gesagt hat: "Deutschland ist geistig und kulturell ärmer geworden, weil viele Emigranten nicht zurückkehrten." Der berühmteste von ihnen war der deutsch-jüdische Physiker *Albert Einstein* (1879–1955).

Über den dreizehnjährigen Albert, der mit ihm das Münchener Luitpold-Gymnasium besuchte,* sagte ein Freund: "Bald war der Flug° seines Genies so hoch, daß ihm niemand mehr folgen konnte." Mit 17 Jahren machte das Wunderkind schon physikalische Experimente im Polytechnikum, wo er mit 21 Jahren sein Abschlußdiplom° erhielt. Trotzdem sagte er von sich selbst: "Ich habe keine Phantasie und praktischen Talente."

Schon 1906 hatte Einstein die Relativitätstheorie° entwickelt. Von 1914 bis 1933 war er Professor in Berlin. Im Jahre 1921 hatte er den Nobelpreis für Physik erhalten. In Amerika, seiner neuen Heimat seit Hitlers Machtübernahme,° lehrte er bis zu seinem Tode an der Princeton Universität. Seine Erkenntnisse° über die Identität von Energie und Masse,° die zur Entwicklung der Atomkraft° führten, haben Einsteins Weltruf° begründet.

Wunderkind
Child Prodigy

gilt
is valid

(handwritten: KANZLER / CHANCELLOR)

(handwritten: ATTENDED)

Flug
flight

Abschlußdiplom
final diploma

Relativitätstheorie
theory of relativity

Machtübernahme
seizure of power

Erkenntnisse
perceptions

Masse
mass

Atomkraft
nuclear power

Weltruf
world fame

Fragen

1. Weshalb ist Deutschland geistig und kulturell ärmer geworden? *(7 600 — in America ausgewandert)*
2. Was machte Einstein schon mit 17 Jahren? *(physikalische Exp —)*
3. Was sagte er trotzdem von sich selbst? *(— Ich habe keine)*
4. Was hatte Einstein schon 1906 entwickelt? *(Rel. — theory)*
5. Welchen Preis erhielt er 1921? *(Nobel —)*
6. An welcher amerikanischen Universität lehrte er bis zu seinem Tode? *(Princeton)*
7. Wozu führten seine Erkenntnisse über die Identität von Energie und Masse? *(der Atomkraft)*
8. Was haben diese Erkenntnisse begründet? *(Weltruf)*

Aufgabe

Schildern Sie das Leben von Albert Einstein.

(handwritten: seit = since)

39

20. Das Neue Bauhaus

"Praktisch jeder, dessen Name in der Welt mit deutscher Kultur verbunden war, ist heute ein Flüchtling." Dies schrieb damals Dorothy Thompson, die bekannte Journalistin. Zu den Künstlern,° die dem Dritten Reich den Rücken gekehrt hatten, gehörte auch *Walter Gropius* (1883–1969), der Gründer der Bauhaus-Schule.

Zusammen mit anderen Künstlern, darunter auch *Mies van der Rohe* (1886–1969), errichtete er 1939 in Chicago "the New Bauhaus". Die hier entwickelten neuen Stilformen sind noch heute an vielen modernen Bürohäusern, Wolkenkratzern,° und Landhäusern vom Mittelwesten bis zum Seagram Building in New York zu erkennen. Sie zeichnen sich durch ästhetische° Einfachheit und funktionelle Schönheit aus.

Als "undeutsch"° waren auch die Werke von *George Grosz* (1893–1959), dem Berliner Maler sozial-kritischer Themen, erklärt worden. Er bereicherte das amerikanische Kunstleben um neue Akzente wie auch der Surrealist *Jimmy Ernst* (1921–1984) aus Köln. Diktatorische Kurzsichtigkeit° hatte wieder einmal zu einen kulturellen Verlust für Deutschland geführt.

Künstlern	artists
Wolkenkratzern	skyscrapers
ästhetische	aesthetic
zeichnen sich ... aus	excel
undeutsch	un-German
Kurzsichtigkeit	shortsightedness

Fragen

1. Zu welchen Künstlern gehörte auch Walter Gropius?
2. Mit wem errichtete er in Chicago "the New Bauhaus"?
3. An welchen Gebäuden kann man noch heute Bauhaus-Stilformen erkennen?
4. Wodurch zeichnen sich diese Gebäude aus?
5. Welche Themen hatten die Werke von George Grosz?
6. Welcher Maler war Jimmy Ernst?
7. Wozu hatte diktatorische Kurzsichtigkeit wieder einmal geführt?

Aufgabe

Was wissen Sie über deutsche Künstler, die nach Amerika ausgewandert sind?

Walter Gropius, der Gründer des deutschen Bauhauses, schuf 1939 "the New Bauhaus" in Chicago. Er entwickelte Amerikas neuen Baustil.

Nicht viele ausländische Filmstars hatten einen solch großen Erfolg wie Marlene Dietrich in Hollywood. Sie wurde 1939 Amerikanerin.

success

21. "Mythos Marlene"

Auch der amerikanische Film hat viele deutsche Künstler angelockt. Sein größter Star war *Marlene Dietrich.* Die 1904 in Berlin geborene Dietrich wollte zuerst Geigerin° werden, ging aber ans Theater und wurde 1929 durch ihren Film "Der blaue Engel" weltberühmt. Ihr amerikanischer Regisseur,° Josef von Sternberg, brachte sie schon im nächsten Jahr nach Hollywood.

Der blonde Star wurde bald das "Mythos Marlene". Sie behielt auch in ihren amerikanischen Filmen, in denen sie oft einen "Vamp" spielte, ihren deutschen Akzent. Ihre Opposition zum verhaßten° Nazi-System gewann ihr viele Freunde unter den vielen anderen Künstlern, die aus Deutschland geflüchtet waren. Im Zweiten Weltkrieg sang sie für die amerikanischen Truppen in Europa.

Unter den anderen damals entkommenen° Filmkünstlern waren *Billy Wilder,* dreifacher Oscar-Preisträger,° *Ernst Lubitsch* und andere deutsch-jüdische Regisseure. Sie schufen° einige der besten Filme aus Hollywood, die heute noch in Festspielen° und im Fernsehen° gezeigt werden. Deutschland ist ohne sie kulturell ärmer geworden.

Geigerin
violinist

Regisseur
film director

verhaßten
hated

entkommenen
escaped
Oscar-Preisträger
Oscar winner
schufen
created
Festspielen
festivals
Fernsehen
television

Fragen

1. Wer war der größte Filmstar aus Deutschland in Hollywood?
2. Welcher Film hatte sie weltberühmt gemacht?
3. Was behielt sie auch in ihren amerikanischen Filmen?
4. Wodurch gewann sie viele Freunde?
5. Für wen sang sie im Zweiten Weltkrieg?
6. Welche anderen Filmkünstler aus Deutschland kamen nach Hollywood?
7. Wo werden heute noch einige ihrer Filme gezeigt?

Aufgabe

Was wissen Sie von Marlene Dietrich?

22. Ein neuer Anfang

Verschiedenartig° waren die Schicksale der Deutschen, die vor und nach dem Zweiten Weltkrieg nach Amerika kamen. *Henry Kissinger* war erst fünfzehn Jahre alt, als es ihm mit seiner jüdischen Familie 1938 gelang, den Nazis zu entfliehen. Er wurde Professor auf Harvard und von 1973 bis 1977 Außenminister° unter den Präsidenten Nixon und Ford. Er gilt noch heute als ein Meister in Fragen der Weltpolitik.

Wernher von Braun (1912–1977) war als ein Angestellter° der Wehrmacht° im Raketenbau° tätig. 1943 verhaftete ihn die Gestapo kurz wegen "Kriegssabotage",° weil er mehr Zeit an der Erforschung° des Weltraums als zur Erfindung neuer Waffen verbrachte.° Er floh vor Kriegsende zu den Amerikanern und wurde später in den USA der Direktor des neuen "Space"-Programms, das 1969 zur ersten Landung auf dem Mond führte.

Zu den anderen Einwanderern, die nach 1945 nach den USA kamen, gehörten noch viele andere Wissenschaftler, die zum Fortschritt° unserer modernen Technologie beitrugen, sowie Deutsche aus Osteuropa, die ihre Heimat verloren hatten. Auch deutsche Bräute amerikanischer Soldaten folgten ihren Männern nach.

Verschiedenartig
varied

Außenminister
Secretary of State

Angestellter
employee

Wehrmacht
former German Army

Raketenbau
rocket production

Kriegssabotage
war sabotage

Erforschung
exploration

verbrachte
spent

Fortschritt
progress

Auch Deutsche, die in ost-europäischen Ländern wie Polen gelebt hatten, kamen nach 1945 als "DPs" (displaced persons) in die USA.

Am bekanntesten wurde Wernher von Braun durch seine Entwicklung der Saturn-Rakete, mit welcher der amerikanische Flug auf den Mond gelang.

best known

Fragen

1. Wie alt war Henry Kissinger, als er nach USA kam? 15 JAHREN
2. Unter welchen Präsidenten war er Außenminister? NIXON UND FORD
3. Als was gilt er noch heute? Meister in Fragen der Weltpolitik
4. Als was war Wernher von Braun tätig? employee
5. Weswegen wollte ihn die Gestapo verhaften? Angestellter / Raketenbau
6. Was wurde er später in den USA? Direktor des neuen Space-Prog —
7. Wer gehörte noch zu den Einwanderern nach 1945? andere Wissenschaftler
8. Welche Bräute folgten ihren Männern nach? Deutsche
9. Woher waren manche Deutsche gekommen? where / osteuropa

Aufgabe

Beschreiben Sie, was die Deutschen auf dem Schiff tun. ship

45

" I AIM for THE STARS " FILM W. VONBRAUN!

23. Hofbrauhaus und "Germanfest"

Ungefähr 1,5 Millionen Deutsche sind nach 1945, als ihr Land in Trümmern° lag, als Neubürger° in den USA aufgenommen worden. Die Zahl aller Amerikaner deutscher Abstammung war damit nach dem US Zensus von 1980 auf über 51 Millionen gestiegen.° Ihre rasche Amerikanisierung hatte im allgemeinen dazu geführt, daß sie sich von ihren Mitbürgern° wenig unterschieden.

Trotzdem finden sich auch heute noch Reste alter deutscher Traditionen in vielen Staaten der USA. "Hof-

Trümmern
ruins
Neubürger
new citizens
gestiegen
risen
Mitbürgern
fellow-citizens

Das größte deutsch-amerikanische Fest in den USA ist das "Germanfest" in Milwaukee. Es findet in jedem August am Michigansee statt.

46

In den großen Bierhallen des Festplatzes spielen deutsche und amerikanische Blaskapellen zum Tanz und Gesang auf.

brauhäuser", in denen außer deutschem Essen und Trinken oft auch deutsche Musik geboten wird, erfreuen sich° großer Beliebtheit von Küste zu Küste, und viele alte Häuser im traditionellen deutschen Fachwerk° erinnern an die alte Heimat. Oktoberfeste und Sommerfeste sind auch Ausdrücke deutscher Sitten in der multikulturellen amerikanischen Gesellschaft° geblieben.

Das größte deutsch-amerikanische Ereignis° in den USA ist das *"Germanfest"* in Milwaukee geworden, das in jedem Sommer drei Tage lang am Ufer des Michigansees stattfindet. Fünfundzwanzig Blaskapellen° und viele Trachtengruppen,° einige davon aus Deutschland, erhalten hier immer noch die Verbindung zur Alten Welt.

erfreuen sich
  enjoy

Fachwerk
  half-timbered
  construction

Gesellschaft
  society

Ereignis
  event

Blaskapellen
  brass bands

Trachtengruppen
  groups wearing
  traditional
  costumes

Fragen

1. Wie viele Amerikaner deutscher Abstammung gab es 1980 nach dem US Zensus?
2. Wozu hatte ihre rasche Amerikanisierung geführt?
3. Was findet sich trotzdem noch in vielen Staaten?
4. Was wird in den *"Hofbrauhäusern"* geboten?
5. In welchem Stil sind noch viele alte Häuser gebaut?
6. Was ist das *"Germanfest"* in Milwaukee geworden?
7. Was erhalten die Blaskapellen und Trachtengruppen auf diesem Fest?

Aufgabe

Kennen Sie ein anderes deutsches Fest, das in Ihrer Gegend stattfindet? Wenn ja, wo und wann ist dies?

47

Eine Krautkönigin wird jeden Sommer auf dem "Krautfest" in Wisconsin gewählt. Sie muß viele Talente beweisen.

24. Jährlicher Wettkampf°

Franksville in Wisconsin zeichnet sich durch ein anderes Ereignis aus, das es nur hier gibt—ein *Wettessen* und die Wahl° der jährlichen *Krautkönigin*° der USA. Ende Juli kommen tausende Gäste aus dem ganzen Mittelwesten, um daran teilzunehmen.

   Von außen sieht dieses Fest immer wie ein großer Karneval aus. Fünfzigtausend Besucher kamen 1985 zu dem Festplatz der hübschen Kleinstadt, der meilenweit° von den großen Krautfeldern umgeben ist, auf denen das Hauptprodukt° ihrer Einwohner wächst. In kommenden Jahren rechnet man mit noch mehr Gästen, weil das dreitägige Volksfest sogar im nationalen Fernsehen geschildert worden ist. In seinem Biergarten ertönt laute Polkamusik, und auf der Bühne im Freien spielen Rockbands.

   Das große *Wettessen*, in dem Sieger° ist, wer in zwei Minuten am meisten Sauerkraut essen kann, ist der erste Höhepunkt° des Festes, und am Sonntag, dem letzten Tage, wird die "Kraut Queen" gewählt. Die Jury hat zu bestimmen,° wer in den nächsten zwölf Monaten Franksville und sein Hauptprodukt mit dem meisten Talent und Charme vertreten wird.

Wettkampf
Contest

Wahl
election

Krautkönigin
"Kraut Queen"

meilenweit
for miles

Hauptprodukt
main product

Sieger
winner

Höhepunkt
high point

bestimmen
decide

48

Fragen

1. Was findet jährlich in Franksville statt? *Das Wetten)*
2. Wie sieht dieses Fest von außen aus? *ein großes Karnival)*
3. Wovon ist die Kleinstadt meilenweit umgeben? *Krautfeldern*
4. Wo ist das Volksfest geschildert worden? *im Nationalen Fernsehen*
5. Was für Musik ertönt auf dem Fest? *Polka?*
6. Was ist der erste Höhepunkt des Festes? *Eckbruß das große Wettessen zwei minuten am meisten 5-essenken*
7. Wann wird die "Kraut Queen" gewählt?
8. Was hat die Jury zu bestimmen? *am Sonntag — dem letzenlag*

Aufgabe

Schildern Sie das Krautfest von Franksville.

depict\descrebe

Auch ein Wettessen steht auf dem Programm, das immer tausende Besucher anzieht. Wer am meisten Sauerkraut essen kann, wird der Krautkönig.

Die berühmte Fabel vom Rattenfänger ist das Thema des Frankenmuther Glockenspiels. Es fasziniert alle Zuschauer.

SPECTATOR

25. Klein-Bayern in Michigan

Ein freundliches "Willkommen" begrüßt den Besucher am Eingang der kleinen Stadt *Frankenmuth,* die nicht weit nördlich von Detroit liegt. Wenn man die lange Hauptstraße mit ihren bunten Fachwerkhäusern entlang bummelt,° fühlt man sich fast wie in Bayern. Seit 1845, als die ersten deutschen Siedler hier in Frankenmuth einge- troffen sind, scheint sich auch am Aussehen° ihrer Nach- kommen wenig geändert zu haben. Manche gehen noch in Lederhosen und Dirndln herum.

 Über dreiundfünfzig Prozent der Einwohner dieser Ge- gend stammten noch aus Deutschland. Auf dem Friedhof° der St. Lorenzkirche, dem ersten Gebäude im Ort, zeigen es noch die vielen bayrischen Namen auf den Grab- steinen.° Die alte Holzbrücke über den Cass-Fluß ist er- neuert worden, hat aber ihr Giebeldach° behalten.

 Schon am Mittag klingt Zithermusik aus einem der Res- taurants. Dreimal täglich sammeln sich Zuschauer vor dem hohen Turm der "Bavaria Inn", um dem berühmten

bummelt
strolls

Aussehen
appearance

Friedhof
cemetery

Grabsteinen
tombstones

Giebeldach
gable roof

Glockenspiel° zu lauschen, dessen bunte große Holzfiguren die Legende vom "Rattenfänger° von Hameln" vorführen.° Es ist ein Schauspiel aus der Alten Welt, von einer Erklärung auf deutsch und englisch begleitet, ganz wie vor hundert Jahren.

Glockenspiel
carillon

Rattenfänger
Pied Piper

vorführen
perform

Fragen

1. Wo liegt Frankenmuth in Michigan? *nördlich und* —
2. Wie fühlt man sich hier fast?
3. Welche Kleidung tragen manche ihrer Einwohner?
4. Was zeigen viele Namen auf den Grabsteinen?
5. Was hat die Holzbrücke über den Cass-Fluß behalten?
6. Was klingt schon mittags aus einem der Restaurants?
7. Wo sammeln sich Zuschauer dreimal am Tage?
8. Welche Legende zeigt das Glockenspiel?
9. In welchen Sprachen wird die Erklärung gegeben?

Aufgabe

Erklären Sie die Bilder zu diesem Text.

Auf der Hauptstraße sind die meisten Häuser und Restaurants im alten deutschen Fachwerkstil erhalten.

Wortliste

(Verbs are listed in their infinitive form. The gender of the nouns is indicated by m = masculine, f = feminine, n = neuter; pl = plural.)

A

ablehnen to refuse
Abschied (*m*) departure
Abschlußdiplom (*n*) final diploma
Abstammung (*f*) descent
ähnlich similar
allabendlich every night
Andenken (*n*) memory
Anfang (*m*) beginning
anführen to lead
Angestellter (*m*) employee
Angriff (*m*) assault
Ankunftsstation (*f*) arrival point
anwachsen to grow
anwenden to apply
anziehen to attract
ästhetisch aesthetic
Atomkraft (*f*) nuclear power
Aufbau (*m*) establishment
Aufstieg (*m*) rise
auftreten to appear
aufwachsen to grow up
Ausdruck (*m*) expression
Aussehen (*n*) appearance
Außenminister (*m*) Secretary of
State
(sich) auszeichnen to excel

B

Band (*n*) link
begeistert enthusiastic
Berater (*m*) advisor
berechnen to charge
bereichern to enrich
Bericht (*m*) report
bestehen to exist
bestimmen to decide
bewegen to motivate
Bierhersteller (*m*) beer maker
bitterarm very poor
Blaskapelle (*f*) brass band

blühen to flourish
Brauer (*m*) brewer
bucklig humpbacked
(auf der) Bühne onstage
bummeln to stroll
Bürgerkrieg (*m*) Civil War

D

Dampfer (*m*) steamship
darbieten to perform
Dirigent (*m*) conductor

E

ebenfalls likewise
(zu) Ehren von in honor of
Ehrenbürger (*m*) honorary citizen
Eindruck (*m*) impression
einführen to introduce
eintauschen to barter
entkommen to escape
Entlassung (*f*) dismissal
Ereignis (*n*) event
Erfahrung (*f*) experience
Erfindung (*f*) invention
Erfolgsstück (*n*) successful play
Erforschung (*f*) exploration
(sich) erfreuen to enjoy
erfüllen to fulfill
erhalten to maintain
Erkenntnis (*f*) perception
erleben to experience
ernennen to name
erschließen to open up
Erzieher (*m*) educator

F

Fachwerk (*n*) half-timbered
construction (with wood and
masonry)

Fernsehen (*n*) television
Festspiel (*n*) festival
Firma (*f*) company
Fleiß (*m*) industriousness
Flug (*m*) flight
fortschreiten to progress
Fortschritt (*m*) progress
fremdsprachig foreign-language
Friedhof (*m*) cemetery
fruchtbar fertile
früherer former

G

Gegner (*m*) opponent
(nach dem) Gehör by ear
Geigerin (*f*) female violinist
gelten to be valid
Gemälde (*n*) painting
Geschäftsmann (*m*) business man
Geschichtsschreiber (*m*) historian
Gesellschaft (*f*) society
gesellschaftlich social
Getränk (*n*) beverage
(sich) gewöhnen to familiarize
  oneself, to become used to
Giebeldach (*n*) gable roof
Glockenspiel (*n*) carillon
Goldrausch (*m*) gold rush
Grabstein (*m*) tombstone
Grund (*m*) reason

H

Handelsweg (*m*) trade route
Handwerker (*m*) worker, craftsman
Hauptprodukt (*n*) main product
Heimathafen (*m*) home port
herausgeben to publish
Höhepunkt (*m*) high point
Hufschmied (*m*) blacksmith

I

Innenminister (*m*) Secretary of the
  Interior
interpretieren to interpret

J

Jurist (*m*) lawyer

K

Kelle (*f*) trowel
Kolonialzeit (*f*) colonial period
Krautkönigin (*f*) "Kraut Queen"
Kriegssabotage (*f*) war sabotage
Künstler (*m*) artist
Kurzsichtigkeit (*f*) shortsightedness

L

laden to load
Landesfürst (*m*) prince
Landessprache (*f*) native language
lauschen to listen to
leiden to suffer
leiten to direct
Leiter (*m*) director
lenken to direct
Linotype-Setzmaschine (*f*) linotype
  setting machine

M

Machtübernahme (*f*) seizure of
  power
Masse (*f*) quantity
Massenproduktion (*f*) mass
  production
Maurer (*m*) mason
meilenweit for miles
mißglücken to fail
Mitbürger (*m*) fellow citizen
Mitgründer (*m*) cofounder
Mittelpunkt (*m*) center
Morgen (*m*) (*here*) acre
mutig courageous

N

Nachkomme (*m*) descendant
Neuankömmling (*m*) newcomer

Neubürger (*m*) new citizen
niederlassen to settle

O

Ochsenkarren (*m*) oxcart
Ortschaft (*f*) village
Oscar-Preisträger (*m*) Oscar winner

P

Pädagogin (*f*) female teacher
Passagier (*m*) passenger
Pelz (*m*) fur

R

Raketenbau (*m*) rocket production
Rattenfänger (*m*) Pied Piper
Regisseur (*m*) film director
Reichsmarschall (*m*) Marshal of the
  Reich
Relativitätstheorie (*f*) theory of
  relativity
Reparatur (*f*) repair
(sich) rühmen to boast

S

Sauerbraten (*m*) stewed pickled
  beef
schaffen to create
Schallplatten-Phonograph (*m*)
  phonograph
Schild (*n*) sign
Schlächterei (*f*) butcher shop
Schlachtfeld (*n*) battlefield
Schmelztiegel (*m*) melting pot
Schmuck (*m*) jewelry
Schulden (*pl*) debts
(sich) sehnen nach to long for
Seuche (*f*) contagious disease
siedeln to settle
Siedlung (*f*) settlement
Sieg (*m*) victory

Sieger (*m*) winner
Sitte (*f*) custom
Sklaverei (*f*) slavery
Söldner (*m*) mercenary
Spaten (*m*) spade
Sprecher (*m*) speaker
Staatsangehörigkeit (*f*) citizenship
Staatsbote (*m*) state messenger
steigen to rise, to climb
Stellvertreter (*m*) representative
Straßenhändler (*m*) street peddler
(auf der) Suche nach in search of
Symbolfigur (*f*) symbolic figure

T

Tauschgeschäft (*n*) bartering deal
teilnehmen to participate
Trachtengruppe (*f*) group wearing
  traditional costumes
Trümmer (*pl*) ruins
Turnverein (*m*) gymnastic club

U

Überfahrt (*f*) crossing
Überlebende (*m*) survivor
Unabhängigkeits-Erklärung (*f*)
  Declaration of Independence
"undeutsch" un-German
unterdrücken to suppress
Unternehmer (*m*) entrepreneur
unterwegs on the way
unvergessen unforgotten
ursprünglich originally

V

Verbesserung (*f*) improvement
verbreiten to spread
verbringen to spend
verdanken to owe
vereinen to unite
Verfolgung (*f*) persecution
vergehen to pass
Verhaftung (*f*) arrest
verhaßt hated

veröffentlichen to publish
verringern to lessen
verschiedenartig varied
versorgen to provide
(sich) versuchen to try oneself
vertreiben to drive away, to banish
verwunden to wound
Vorbild (*n*) model
vorführen to perform

W

Wahl (*f*) election, vote
Wahlkampf (*m*) election campaign
Weberfamilie (*f*) weaver family
Wehrmacht (*f*) German Army
Weißwurst (*f*) white sausage
Weizen- und Viehkönig (*m*)
  wheat-and-cattle king
Weltruf (*m*) world fame

Werkstatt (*f*) workshop
Wettkampf (*m*) contest
Widerstand (*m*) resistance
wirtschaftlich economic
Wissenschaftler (*m*) scientist
Wolkenkratzer (*m*) skyscraper
Wunderkind (*n*) child prodigy

Z

zählen zu to count among
Zartheit (*f*) tenderness
Zeitschrift (*f*) magazine
Zeugschmied (*m*) armorer
Zimmermann (*m*) carpenter
Zufluchtsort (*m*) refuge
zujubeln to cheer
zurückschrecken vor to shrink
  from, to be afraid of
zweisprachig bilingual

Photo Credits

NTC GERMAN READING MATERIALS

Graded Readers and Audiocassettes
Beginner's German Reader
Lustige Dialoge
Lustige Geschichten
Spannende Geschichten

Humor in German
German à la Cartoon
Das Max und Moritz Buch

German Folklore and Tales
Von Weisen und Narren
Von Helden und Schelmen
Münchhausen Ohnegleichen
Es war einmal

Jochen und seine Bande Series
Abenteur in Hinterwalden
Mit Thespis zum Süden

Comic Mysteries
Die Jagd nach dem Familienerbe
Das Geheimnis im Elbtunnel
Hoch in den Alpen
Innsbrucker Skiabenteuer

Plays and Comedies
Zwei Komödien
Ein Hotel namens Europa
Gehen wir ins Theater!

Real-Life Readings
Perspektive aus Deutschland
Deutsches Allerlei
Direct from Germany

Contemporary Life and Culture
Im Brennpunkt: Deutschland
Unterredungen aus Deutschland
Briefe aus Deutschland
Briefe über den Ozean
Kulturelle Begegnungen
Amerikaner aus Deutschland

Contemporary Culture—in English
German Sign Language
Life in a West German Town
Life in an Austrian Town
Focus on Europe Series
   Germany: Its People and Culture
   Switzerland: Its People and Culture
   Austria: Its People and Culture
Let's Learn about Germany
Getting to Know Germany
Weihnacht
Christmas in Germany

For further information or a current catalog, write:
National Textbook Company
a division of *NTC Publishing Group*
4255 West Touhy Avenue
Lincolnwood, Illinois 60646-1975 U.S.A.